D1917649

Hedwig Danner

SEIDENMALEREI IN AQUARELLTECHNIK

Brunnen-Reihe 245

Christophorus-Verlag Freiburg

Einleitung

Dieses Heft ist grundsätzlich nur der Aquarelltechnik auf Seide gewidmet. Sie ist für mich die phantasievollste aller Seiden-Maltechniken und bietet die beste Möglichkeit, spielerisch mit Farben umzugehen. Es ist kaum möglich, nach einer Umrißvorlage zu arbeiten, wie etwa bei der Guttatechnik; Ergebnisse sind auch nicht zufällig, wie bei der Salztechnik. Aquarellmalerei bedeutet bewußtes Gestalten. Da sich Seidenmalfarben auf Seide fast wie von selbst malen – sie fließen und verfließen miteinander –, ist Aquarellmalerei gar nicht so schwer: Für Anfänger habe ich an einem Schritt-für-Schritt-Beispiel die Abfolge erklärt und in Bildern aufgezeigt, um Sie zu überzeugen.

Die Gutta- und Salztechnik benutze ich hier nur gelegentlich als Ergänzungen, um Spannung und Ausdruck zu erhöhen oder Schwerpunkte zu setzen.

Voraussetzung für eine gelungene Arbeit ist allerdings gutes Arbeitsmaterial. Dies betrifft neben der Seide vor allem die Farben und Pinsel. Arbeiten Sie mit einer *echten* Seidenmalfarbe; sie garantiert Ihnen höchste Leuchtkraft des Aquarells. Nehmen Sie Abschied von den Pinselstrünken Ihrer Schulzeit, und arbeiten Sie mit speziellen Aquarellpinseln.

Ein Seidenaquarell, das Können und Kreativität in sich vereinigt, wird den Betrachter immer wieder aufs neue faszinieren.

Mit dieser Anleitung wünsche ich Ihnen nun ein gutes Gelingen Ihrer Seiden-Aquarelle.

Arbeitsmaterial und Fixieren

Auf der nebenstehenden Abbildung sehen Sie, welches Material für das Aquarellieren benötigt wird. Es ist im Fachhandel erhältlich.

Die Seide spielt hier eine untergeordnete Rolle, da Sie jede Seide, die eine glatte Oberflächenstruktur aufweist, als Malgrund verwenden können.

Im folgenden gebe ich einige Hinweise zur Seidenmalfarbe, zu den Pinseln und zum Rahmen. Da ich an einigen Beispielen die Mischtechnik erläutere, bei der auch Gutta und Effektsalz verwendet werden, gehe ich im folgenden auch auf diese Materialien ein.

Schließlich folgen noch einige Hinweise zur Dampffixierung.

Seidenmalfarbe

Da ich in einem einzigen Seidenaquarell häufig neben weichen Farbübergängen auch starke Farbnuancen in kräftigen Tönen und leuchtende Farbpunkte mit scharfer Begrenzung erreichen will, arbeite ich nur mit dampffixierbaren Farben. Diese garantieren deutliche Konturen und eine hohe Farbbrillanz nach dem Fixieren.

Anfangs benötigt man nur die Grundfarben: Schwarz, Rot, Blau, Gelb. Die anderen Farben lassen sich daraus mischen; weiß bleibt, was nicht bemalt wird.

Pinsel

Gute Pinsel sind Voraussetzung für eine gute Arbeit; daher empfehle ich Ihnen für die Aquarelltechnik folgende Pinsel:

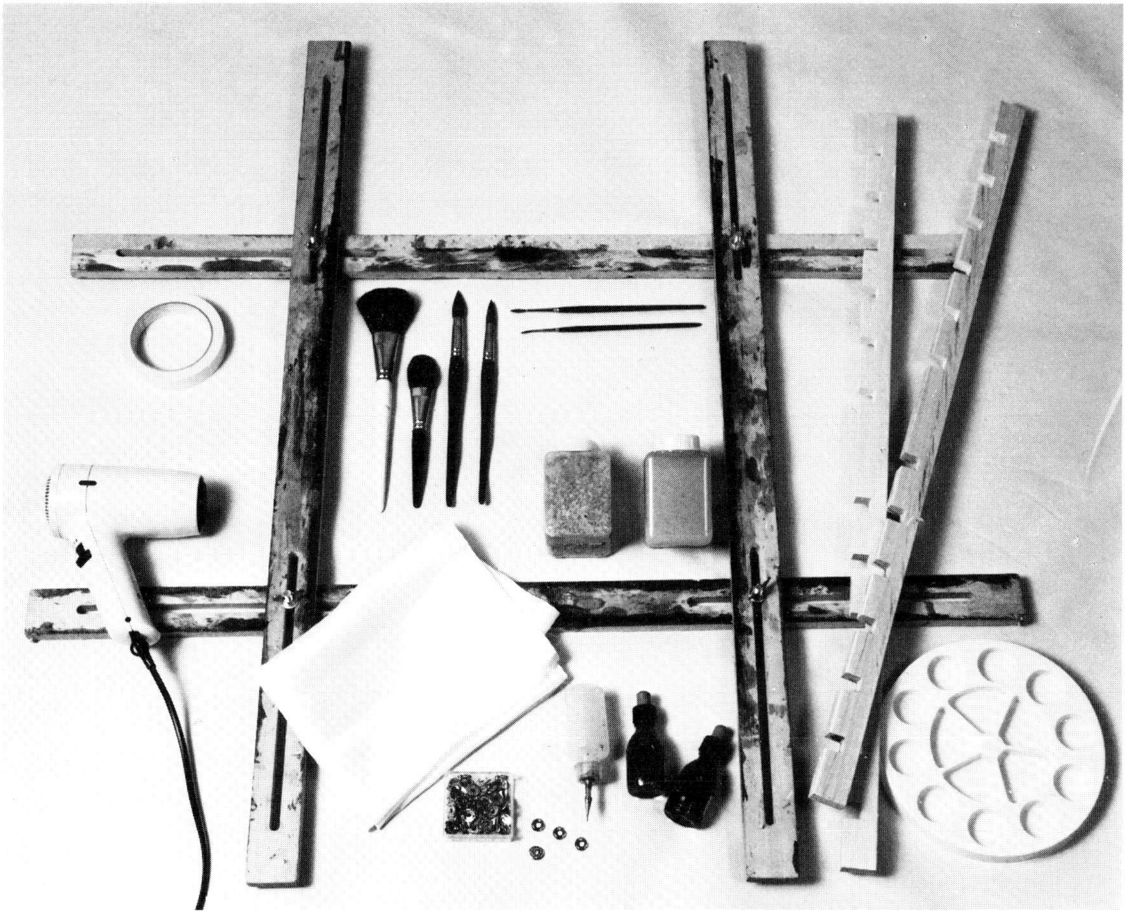

a) Für große Hintergrundflächen einen breiten und dicken Fehhaarpinsel mit kurzem Griff, der sich leicht führen läßt und bei Bedarf messerrückenbreit zusammenläuft.
b) Für flächiges Malen einen Rindsohrhaarpinsel mittlerer Stärke, der viel Flüssigkeit speichert und für etwaige Korrekturen durch Verwaschungen sehr strapazierfähig ist.
c) Einen dünnen Rotmarderpinsel von guter Qualität. Diesen benötigen Sie für feinste Linien, die gestochen scharf auf dem Aquarell erscheinen sollen.

Fortsetzung Seite 6

a

b

Arbeitsablauf Schritt für Schritt

Grundsätzlich wird beim Aquarell vom Hintergrund zum Vordergrund gearbeitet. Dies bedeutet, daß Sie die Hintergrundfarben zuerst anlegen und erst danach die Details malen.
Die einzelnen Arbeitsschritte sind in den Abbildungen oben gut zu erkennen. Das fertige Bild ist auf der 1. Umschlagseite abgebildet.

Bild a
Als Himmel legen Sie mit einem dicken Pinsel einen breiten Streifen in Dunkelblau an und verziehen diesen mit Wasser zur Bildmitte hin. Am unteren Bildrand – dem späteren Vordergrund des Sees – gehen Sie genauso vor und verziehen den blauen Streifen mit sehr wenig Wasser. Danach legen Sie in der Mitte der verbleibenden weißen Fläche einen breiten orange-gelben Farbstreifen an. Mit einem zuvor in Wasser getauchten Pinsel beginnen Sie nun, diesen orange-gelben Streifen nach oben und unten in die Blautöne zu streichen. Damit erreichen Sie, daß die beiden Farbtöne ganz sanft ineinander übergehen. Jetzt trocknen Sie die Seide mit einem Fön.

Bild b
Legen Sie nun Büsche und Bäume (als entferntes Seeufer) an, indem Sie mit einem mittelstar-

c

d

ken Pinsel quer über den Orange-Gelbton mit Graublau malen. Die Spiegelung im See malen Sie genauso, allerdings mit etwas stärker verdünnter Farbe. In den Vordergrund setzen Sie von der Bildkante bis zur Bildmitte verlaufend einen graublauen Farbstrich als Uferstreifen. Streuen Sie nun auf Büsche, Bäume und Uferstreifen grob und fein gemischtes Effektsalz. Lassen Sie das Ganze nun trocknen.

Bild c
Entfernen Sie das Salz, und streichen Sie mit einem in Wasser getauchten breiten Pinsel quer über die gesamte Seefläche. Trocknen Sie diese Fläche dann sofort mit dem Fön.

Bild d
Mit einem guten Rotmarderpinsel, der eine dünne Spitze bildet, zeichnen Sie mit wenigen, hauchdünnen Pinselstrichen Äste und Baumstämme des entfernt liegenden Ufers. Zuletzt malen Sie den Baum und die Gräser im Vordergrund. Stamm, Äste und die Gräser zeichnen Sie mit leicht verdünnter schwarzer Farbe. Zwischen die Äste des Baumes setzen Sie große Farbkleckse in verdünnter graublauer Farbmischung und streuen dann grob und fein gemischtes Effektsalz darauf.
Wenn das ganze Bild trocken ist, entfernen Sie das Salz; jetzt ist Ihr Bild fertig und kann fixiert werden.

Rahmen

Rahmen zum Aufspannen Ihrer Seide gibt es in verschiedenen Ausführungen. Der als Zahnleiste gefertigte Rahmen ist für große Arbeiten nicht sehr geeignet, da während des Nachspannens der Seide die Farbe unerwünschte Ränder bildet. Praktisch ist hierfür ein stufenlos verstellbarer Rahmen. Auch diesen gibt es in verschiedenen Ausführungen bis hin zum großen Maltisch, an dem Sie auch sitzend arbeiten können, wenn er in Schrägposition gebracht wird. Letzteres gilt natürlich nicht, wenn Sie sehr naß arbeiten oder wenn Sie Salz auftragen.

Gutta

Gutta ist ein gummiartiges Begrenzungsmittel, das aus Guttapercha hergestellt wird. Wo Gutta auf die Seide aufgetragen wird, nimmt der Stoff keine Farbe mehr an. Gutta gibt es auf wasser- und benzinlöslicher Basis. Wegen der Dampffixierung empfehle ich, *benzinlösliche* Gutta zu verwenden.

Fortsetzung Seite 8

Fischerboot Abb. Seite 7

Grundieren Sie den Hintergrund am Himmel beginnend mit einem Gelbton, den Sie zur Bildmitte hin stark verwässern. Verfahren Sie in gleicher Weise vom unteren Bildrand beginnend mit einem Blaugrauton. Setzen Sie nun, solange die Grundierung noch feucht ist, die Waldspiegelung als grauen Schatten ein, indem Sie vom rechten und linken Bildrand ausgehend die Farbe auftragen. Mit einem dunklen, nicht sehr verdünnten Blaugrau malen Sie nun in großen Tupfen den Wald. Wenn dieser mit Hilfe des Föns ganz trocken ist, schattieren Sie den See und die Bäume, indem Sie mit einem breiten Pinsel Wasserflecken und -streifen auf Bäume und See aufsetzen. Fönen Sie sofort, damit die Wassertupfen keine zu starken Ränder bilden. Mit einem dünnen Rotmarderpinsel malen Sie nun Fischer und Boot. Verwenden Sie hierzu wenig, aber unverdünnte schwarze Farbe. Den Schatten des Bootes legen Sie in Hellgrau an.

Für breite und schmale Guttalinien werden Metallfedern in verschiedenen Stärken als Aufsatz auf die Guttaflaschen verwendet. Sehr praktisch sind Metallfedern mit Innengewinde, die sich auf die Guttaflaschen aufschrauben lassen und somit nicht mehr abrutschen.

Effektsalz
Ich empfehle Steinsalz mit unterschiedlich großer Körnung. Dieses grob bis sehr fein gemischte Salz ergibt einen besonders schönen Effekt, da die Bahnen, die das Salz zieht, unterschiedlich groß werden.

Dampffixierung
Da ich beim Seidenaquarell von der Dampffixierung ausgehe, werde ich hier nicht auf die verschiedenen anderen Möglichkeiten des Fixierens eingehen. Ausreichende Informationen darüber erhalten Sie in den Publikationen, die auf Seite 32 erwähnt werden.

Dampffixierung geschieht am besten in einem speziell dafür hergestellten Fixiergerät. Fragen Sie in Ihrem Fachgeschäft, wer in Ihrer Nähe ein solches Gerät hat und Fixierdienst anbietet. Es ist nicht empfehlenswert, im Dampfkochtopf zu fixieren: die Falten, die entstehen, wenn Sie Ihre Seide zusammenlegen, werden häufig nach dem Fixieren sichtbar bleiben.

Dorfwinkel Abb. Seite 9
Bei diesem Bild skizzieren Sie mit einem Kohlestift sehr zarte Umrißlinien der einzelnen Häuser. Da bei den Häusern hellere Farben auftreten als im Hintergrund (Himmel), darf dieser nicht über das ganze Bild gemalt werden: Sie malen zuerst den Himmel bis zu den Kohlestrichen, beginnen dann mit dem entferntesten Haus und arbeiten so Haus für Haus vorwärts bis zum Vordergrund.
Trocknen Sie Dächer und Hauswände immer sofort mit dem Fön, und zwar in der Weise, daß die Seide nicht mehr naß, jedoch noch feucht ist. In die noch feuchte Seide setzen Sie nun mit einem breiten Pinsel Wasserstreifen und erreichen durch die sich dadurch ergebenden Ränder eine lebhafte Struktur.
Die Fenster der Häuser, der Strauch an der Hauswand und der Baum in der rechten Bildecke werden zuletzt gemalt. Fönen Sie hierbei jeden Pinselstrich sofort trocken; damit verhindern Sie ein starkes Auslaufen der Farbe.

Chinesin Abb. 2. Umschlagseite

Diesem Bild liegt ein chinesischer Farbholzschnitt aus dem 17. Jahrhundert zugrunde.

Der fließende Fall der Kleidungsstücke wurde durch die Aquarelltechnik erreicht; ebenso der duftige Strauch im Hintergrund: Figur und Pflanzenkübel wurden zunächst mit schwarzer Gutta auf die weiße Seide gezeichnet. Danach wurde der Himmel in einem sehr hellen Beige und der Boden in einem Rotbraun-Gemisch mit breitem Pinsel eingefärbt. Auf den noch feuchten Hintergrund wurde der gelb-orange Blütenstrauch in großen Farbflecken mit demselben Pinsel aufgetupft und sofort Salz aufgestreut. Derjenige Teil des Kleides, der gelbe Guttamotive zeigt, wurde dann gelb eingefärbt und nach dem Trocknen die Guttalinien mit farbloser Gutta aufgetragen. Auf den anderen Kleidungsstücken wurde der Guttaauftrag auf die noch weiße Seide gezeichnet und daraufhin mit der entsprechenden Farbe ausgemalt. Nachdem das ganze Bild getrocknet war, wurde in den Kleidungsstücken mit breit, schmal und wellig aufgetragenen Wasserstreifen der Faltenwurf erreicht. In den Blütenstrauch wurden auf den getrockneten gelborangen Farbfeldern mit unverdünnter schwarzbrauner Farbe und dünnem Rotmarderpinsel die Äste eingesetzt, die immer in Wuchsrichtung, also zum dünnen Ende hin, gemalt werden.

Südliche Landschaft Abb. Seite 11

Beginnen Sie am oberen Bildrand mit dem Himmel, und ziehen Sie den dunklen Blauton mit Wasser ein wenig nach unten.

Setzen Sie nun auf den gut getrockneten Untergrund mit einem breiten Pinsel die am entferntesten liegende Bergkette, und fönen Sie diese ganz trocken. Anschließend malen Sie die davorliegenden Berge und fönen sie ebenfalls wieder trocken. In dieser Weise fahren Sie so fort und legen zuletzt den See an. Danach malen Sie Haus für Haus vom Hintergrund zum Vordergrund arbeitend, wie schon auf Seite 8 beschrieben.

Im Vordergrund ziehen Sie zuletzt eine Pinselbreite in Grün und tupfen einige Farbkleckse auf.

See in Finnland Abb. Seite 13

Dieses Bild zeigt denselben See wie auf Seite 7 abgebildet. Die Spannung dieses Bildes ist jedoch durch die Boote im Vordergrund erhöht.

Auf die trockene Seide setzen Sie als fahle Sonne einen großen Wasserfleck und tragen um diesen Wasserfleck herum zartes Gelb und graublaue Wolken auf. Als Spiegelung im See tragen Sie fahles Gelb auf die trockene Seide streifenweise auf und setzen dazwischen mit einem zweiten Pinsel graue Streifen. Den See ziehen Sie mit Hellgrau zum unteren Bildrand aus. Setzen Sie nun auf den noch feuchten Untergrund mit einem dünnen Pinsel sehr feine dunkelgraue Striche, die auf dem feuchten Untergrund etwas auslaufen und somit einen seichten Grund mit Schilfgräsern andeuten. Nun trocknen Sie den Hintergrund mit dem Fön ein wenig und legen als Gebüsch und Bäume, von links nach rechts schmäler werdend, einen dunkelgrauen Streifen an. Streuen Sie sofort gemischtes grobes und feines Effektsalz auf, und lassen Sie den Uferstreifen trocknen. Währenddessen malen Sie die beiden Boote im Vordergrund. Beginnen Sie in der jeweiligen Bootsmitte, und malen Sie nach außen. Die letzten Pinselstriche sind die Bootsränder.

Tips

Prüfen Sie auf einem Seide-Abfallstreifen Ihre Farbmischung, bevor Sie zu malen beginnen.

Arbeiten Sie beim Aquarell mit mehreren Pinseln, denn Sie können sich während der Arbeit am Aquarell nicht viel Zeit lassen, um den Pinsel für einen anderen Farbauftrag sorgfältig auszuwaschen.

Achten Sie darauf, daß Ihre Pinsel nie längere Zeit im Wasser oder in der Farbe stehen. Sie verlieren sonst ihre Form und werden unbrauchbar.

Wenn Sie Salz mehrere Male verwenden wollen, müssen Sie es vor jedem Gebrauch gut trocknen, z. B. im Backofen.

Wenn Sie rollierte Tücher als Malgrund verwenden, sollte der Untergrund möglichst luftgetrocknet werden, da sich leicht Ränder entlang des Rollsaumes bilden, wenn mit dem Fön getrocknet wird.

Es empfiehlt sich, an rollierten Tüchern einen einfarbigen Randstreifen anzulegen, um ein Auslaufen der Farbe entlang der Rollkante zu vermeiden.

Malen und fönen Sie möglichst nie gleichzeitig. Der starke Luftstrom kann die Farbe aus Ihrem Pinsel treiben und auf die Seide spritzen.

Fönen Sie nie direkt auf Ihren Pinsel; die heiße Luft macht die Pinselhaare spröde.

Arbeiten Sie mit einem leistungsstarken Fön; er kann einen zu stark auslaufenden Farb- oder Wasserfleck schnell unter Kontrolle bringen.

Seelandschaft Abb. Seite 15
Beginnen Sie mit einem breiten dunkelblauen Streifen, den Sie zur Bildmitte hin mit Wasser aufhellen. In der gleichen Weise arbeiten Sie vom unteren Bildrand nach oben. Legen Sie nun etwas unterhalb der Bildmitte einen orangegelben Streifen an, den Sie mit Wasser nach oben und unten verziehen. Fönen Sie nun die obere Bildhälfte nahezu trocken. Sie malen jetzt in einem breiten Streifen mit verdünnter schwarzer Farbe die Bäume des Hintergrundes und die Baumkrone im Vordergrund. In den noch feuchten unteren Bildteil setzen Sie mit etwas stärker verdünnter schwarzer Farbe die Spiegelung der Bäume auf und streuen Salz ein. Sie lassen das Salz nur kurze Zeit ziehen und nehmen es dann vorsichtig von der noch feuchten Seide ab. Die Salzbahn ist so nur schwach angedeutet, und die Ränder bleiben etwas verschwommen. Fönen Sie nun das ganze Bild trocken. Zuletzt deuten Sie mit einigen Pinselstrichen an der linken Kante den Baumstamm an und setzen in das Laubwerk große Wasserflecken. Durch die hierbei entstehenden Ränder wird die Baumkrone deutlich.

Landschaft in Wales Abb. Seite 17

Knorrige alte Bäume vor einer hügeligen Landschaft, wie dieser hier in Wales, können in Aquarelltechnik sehr gut wiedergegeben werden.

Legen Sie den Himmel so an, daß zwischen den azurblauen breiten Streifen ab und zu noch etwas weißer Untergrund frei bleibt, den Sie anschließend mit Wasserstreifen ausfüllen, damit die blauen Streifen nicht ineinanderlaufen.

Nun malen Sie die hinterste Bergkette, fönen sofort, malen dann die davorliegende Hügelkette und fönen wieder sofort. In dieser Weise und Reihenfolge verfahren Sie bis zum Vordergrund.

Der Baum im Vordergrund wird in zwei Arbeitsgängen gemalt! Sie legen zuerst den Stamm in sehr dunkler Farbe, dann das Laub großflächig in verdünntem Blaugrün an. Nachdem alles trockengefönt ist, malen Sie in einem zweiten Arbeitsgang Wasserstreifen in den Baumstamm und fönen wieder sofort. Dadurch entsteht der knorrige Charakter des Stammes. In die großen Flächen des Laubes setzen Sie jetzt mit derselben Farbe nochmals kleinere Tupfen und lassen diese ein wenig auslaufen, um den ausgezackten Rand zu erzielen.

Nun bringen Sie zuletzt noch an einigen Stellen mit einem dünnen Pinsel Äste an. Beginnen Sie bei der Astzeichnung immer an der dickeren Stelle des Astes und malen in Wuchsrichtung.

Die Steine malen Sie als graue Tupfen auf den trockenen Untergrund auf. Die harten Umrisse erhalten Sie durch Fönen.

Fehler und deren Beseitigung

Dieser Abschnitt soll Ihnen zunächst die am häufigsten auftretenden Fehler aufzeigen, damit Sie diese nach Möglichkeit vermeiden können, und wenn schon ein Fehler passiert ist, wie dieser mit etwas Geschick und Phantasie ausgebessert werden kann.

Fehler

Sie wollten einen hauchdünnen Strich ziehen, der dann aber auslief.

a) Der Pinsel war zu dick.

b) Sie hatten zuviel Farbe im Pinsel.

c) Die Farbe war verdünnt.

Sie setzten Wasserstreifen und wollten dadurch Ränder erzeugen; letztere wurden aber nicht sichtbar.

a) Der Untergrund hatte einen zu hellen Farbton.

b) Der Untergrund war noch nicht völlig trokken.

c) Sie setzten die Wasserstreifen zu dicht nebeneinander, so daß die Farben zu sehr ineinanderliefen.

Fortsetzung Seite 20

Vase mit Lampionpflanze Abb. Seite 19

Bei diesem Bild wird die Naßtechnik angewandt, d. h., es wird auf feuchte Seide gemalt. Nachdem Sie die Seide mit Wasser eingestrichen haben, malen Sie in Grauschwarz und Türkis die Vase, den Vordergrund, den seitlichen Vorhang und streuen sofort gemischtes grobes und feines Effektsalz auf. Wenn die Seide ganz trocken ist, nehmen Sie die Salzkristalle sorgfältig ab und zeichnen mit einem Kohlestift die Lampionpflanze leicht vor: Mit einem dünnen Pinsel und wenig Farbe malen Sie die Lampionpflanze. Die Stiele im Glas werden nur mit Wasser gemalt. Mit einem verdünnten Braun malen Sie zuletzt den bizarren Zweig. Sie beginnen an der dicken Stelle des Zweiges und malen zur dünnen Stelle hin.

d) Die Streifen wurden nicht sofort geföhnt, so daß sie ineinander übergingen.

Ihr Landschaftsaquarell erscheint flach und hat keine Tiefe.
a) Himmel und Erde wurden zum Horizont hin nicht genügend aufgehellt.
b) Sie arbeiteten nicht konsequent vom Hintergrund beginnend zum Vordergrund.
c) Das Bild wurde zu oft übermalt, so daß viele dunkle Farbränder im entfernten Hintergrund entstanden.

Ihr Hintergrund geht nicht nahtlos von einer Farbe in die andere über, sondern es bilden sich sichtbare Farbabsätze.
a) Der Farbauftrag war bereits zu trocken, als Sie den angrenzenden anlegten.
b) Sie haben den Farbstreifen nicht genügend mit Wasser verzogen.
c) Neben der ersten Farbe wurde eine andere Farbe angelegt, ohne dazwischen mit Wasser zu verziehen.
d) Sie haben nur stellenweise geföhnt.

Baumstudie Abb. Seite 21
Mit diesem Bild möchte ich Ihnen zeigen, wie schön die gemischte Aquarelltechnik ist. „Gemischt" deshalb, weil die ganze Baumkrone zwar in Aquarelltechnik gemalt ist, aber dann noch Effektsalz eingestreut wurde, um dem Baum eine besondere Note zu geben.
Sie tragen den Himmel in großen blauen Wolken auf und malen dazwischen ein sehr wäßriges Blau bis zum Horizont. Dann legen Sie rotbraune, braune und graue Streifen horizontal nebeneinander an, vom Hintergrund bis zum unteren Bildrand.
Tragen Sie nun auf den feuchten Untergrund mit dickem Pinsel große braune Tupfen als Baumkrone auf. Sie streuen sofort Effektsalz darauf und lassen das Bild trocknen.
Nachdem Sie das Salz abgenommen haben, ziehen Sie mit einem dicken Pinsel einige Wasserstreifen über die zuvor gemalten Farbstreifen der Landschaft und fönen sofort trocken.
Zum Schluß malen Sie mit braunschwarzer, wenig verdünnter Farbe noch Stamm und Äste und mit feinen Strichen das Gras und Gebüsch.

Fehlerbeseitigung

Sie nahmen am Hintergrund eine Korrektur vor, nachdem der Vordergrund bereits fertig gemalt war, und haben nun deutlich sichtbare Korrekturstreifen im Bild.

a) Während Sie fönen, verziehen Sie mit vielen sehr feinen Wasserstrichen die Ansatzstellen der Korrekturstreifen; oder:

b) Sie übermalen das Bild vom Hintergrund beginnend bis zum Vordergrund noch einmal mit Wasserstreifen und legen den Vordergrund neu an; oder:

c) Sie setzen auf die Ansatzstellen des Korrekturstreifens ein Motiv auf.

Sie fönten Ihre Arbeit, während Sie mit dem Pinsel malten, so daß Farbe auf die Seide spritzte.

a) Waschen Sie sofort mit einem Wattestäbchen den Fleck aus; oder:

b) Verziehen Sie den Farbspritzer mit Wasser, und beziehen Sie ihn in das Motiv ein; oder:

c) Versuchen Sie mit etwas Phantasie ein Motiv aus dem Fleck zu gestalten, das sich harmonisch in das Bild einfügt.

Vierecktuch Abb. Seite 23

Nehmen Sie für dieses Tuch eine stärkere Seide (z. B. Crêpe de Chine), da die Farben auf starker Seide weniger auslaufen. Sie färben das ganze Tuch mit einem breiten Pinsel in hellem Beige ein.

Auf den völlig trockenen Untergrund malen Sie nun geschwungene schmale Blätter in Braun und Blüten in Orange. Die einzelnen Blütenblätter entstehen dadurch, daß Sie zwischen den Pinselstrichen einige Millimeter bis zum nächsten Blütenblatt frei lassen, so daß die beiden Farbstreifen gegeneinander laufen und zusammenstoßen können. In die Mitte der trokkenen Blüten setzen Sie einige Tupfen in dunkelbrauner Farbe.

Katzengesicht Abb. Seite 23

Dieses Katzengesicht zeichnen Sie mit dünnen Kohlestift-Strichen auf die Seide, daran anschließend mit farbloser Gutta die Schnurrhaare. Nun malen Sie mit vielen feinen Pinselstrichen Augen, Nase und Fell. Fönen Sie die einzelnen Striche immer wieder gut trocken; nur so bleiben die weißen Stellen im Fell erhalten.

Langschal Abb. Seite 25
Grundieren Sie die Seide in einem hellen Beige. Wenn der Untergrund trocken ist, werden auch hier – wie bei dem Tuch auf Seite 23 – mit einem spitz zulaufenden Pinsel schmale Gräser in Braun aufgemalt. Wichtig ist, daß Sie jeden Grashalm ohne abzusetzen malen, denn jede Ansatzstelle würde einen dicken Fleck ergeben. Am Ende einiger Halme setzen Sie nun viele schmale blaue Streifen, die Sie zwischendurch immer wieder fönen.
Der Strich wird immer vom breiten zum schmalen Ende gezogen. Als Abschluß können Sie mit schwarzer oder goldener Gutta Staubgefäße in die Blüten setzen. Diese werden mit einem Punkt angesetzt und nach unten als Strich ausgezogen.

Wem es Schwierigkeiten bereitet, einen Schal oder ein Tuch zu rollieren, braucht deshalb nicht auf ein selbstbemaltes Werk zu verzichten. Der Fachhandel bietet fertig rollierte Schals und Tücher in verschiedenen Qualitäten an.

Broschen Abb. Seite 25
Sie können Broschen anfertigen, wenn Sie nach den vorgegebenen Größen der Broschen aus dem Hobbygeschäft Miniaturen auf Seide malen. Sollten Sie schneidern, haben Sie sicher Reste bemalter und fixierter Seide, die sich für Broschen eignen und manches schöne Kleid oder eine Bluse verzieren.
Besprühen Sie eine Brocheneinlage sehr dünn mit Sprühkleber und drücken Sie Ihre bemalte Seide faltenfrei auf die Einlage. Die überstehende Seide schneiden Sie kantig ab, drücken die Einlage in den Broschenrand und legen das Rückenteil auf. Alle Teile werden nun miteinander befestigt, indem die angebrachten Metallecken umgebogen werden.

Wollgras im Sumpf Abb. 4. Umschlagseite
Malen Sie zuerst den herabhängenden Grasbusch und dessen Spiegelung in verschiedenen Ockertönen und die stehenden Gräser in verschiedenen Olivtönen. Danach ziehen Sie, vom linken Rand ausgehend, einen breiten schwarz-

blauen Streifen, der unter dem Grasbusch ausläuft. Streuen Sie in diesen Streifen sofort Effektsalz ein, und nehmen Sie dieses nach kurzer Zeit wieder ab, solange die Seide noch feucht ist.

Tragen Sie jetzt als Wasserfläche – vom oberen Bildrand beginnend – dunkelblaue Farbe auf, die Sie zur Bildmitte hin mit etwas Türkis aufhellen. Die untere Bildhälfte malen Sie in einem etwas helleren Ton.

In den noch leicht feuchten Untergrund malen Sie jetzt breite Wasserstreifen, und zwar über die Wasserfläche, also über die Stellen, die zuvor mit Effektsalz bestreut waren, und über die Grasbusch-Spiegelung, nicht jedoch über den Grasbusch selbst. Fönen Sie sofort trocken, und ziehen Sie dann die grünen Grashalme nach allen Seiten etwas nach.

Zuletzt setzen Sie das Wollgras mit Silbergutta duftig und zierlich ein.

Tropfen Abb. Seite 27

Hier ein Beispiel, wie Sie Guttatechnik mit Aquarelltechnik verbinden können, um einen lebhafteren Ausdruck Ihres Bildes zu erhalten.

Legen Sie auf weißer Seide den Guttaauftrag in Schwarz, Gold, Silber oder farblos an. Nun schattieren Sie jedes einzelne Feld in zueinander passenden Farbtönen. Ziehen Sie unterhalb der Guttalinien zunächst einen dunkelblauen und darunter einen hellblauen Farbstrich. Diese hellblaue Farbe ziehen Sie mit viel Wasser zum unteren Bildrand. Am spitz zulaufenden Guttamotiv malen Sie einen großen dunkelblauen Tropfen. Wenn das Bild trocken ist, setzen Sie einen Wassertupfen auf den Tropfen und um den Tropfen breite Wasserstreifen bis zum unteren Bildrand. In einige Guttafelder zeichnen Sie zuletzt mit dünnem Pinsel und sehr wenig konzentrierter schwarzer Farbe hauchfeine geschwungene Linien.

Das Rahmen eines Bildes Abb. Seite 30
Kleinere Seidenaquarelle werden häufig mit einem Passepartout versehen, wogegen große Bilder oft großzügiger wirken, wenn sie ohne Passepartout und ohne Glas gerahmt sind.

Rahmung ohne Passepartout
In diesem Fall spannen Sie Ihr Bild sehr straff über eine feste Unterlage (z. B. Preßspan, dicker Karton oder Aluminiumplatte aus dem Baumarkt) und kleben die überstehende Seide auf der Rückseite der Unterlage an. Drücken Sie nun das Bild von hinten in einen fertigen Rahmen und befestigen es darin.

Rahmung mit Passepartout
Für das Passepartout nehmen Sie einen zum Bild passend getönten oder weißen Karton. Mit Bleistift zeichnen Sie nun auf der Rückseite des Kartons den Bildausschnitt auf. Der untere Rand des Passepartouts sollte etwas breiter genommen werden als der obere, dem menschlichen Auge erscheint es sonst, als sei das Bild „heruntergerutscht". Anschließend schneiden Sie mit einem scharfen Passepartout-Messer entlang eines Metall-Lineals das Bild-Fenster sorgfältig aus. *Fortsetzung Seite 30*

Frucht mit Samen und Blättern Abb. Seite 29
Dieses Bild zeigt die Anwendung der Mischtechnik, d. h. eine Kombination der Gutta-, Salz- und Aquarelltechnik.
Auf weißer Seide zeichnen Sie mit wenigen Guttastrichen die Umrisse der Frucht. Anschließend legen Sie naß in naß alle Hintergrundfarben an. In den noch feuchten Untergrund streuen Sie auf diejenigen Stellen Effektsalz, an denen Sie später die Blätter malen. Als Samen tupfen Sie kräftiges Orange in die Samenkapsel.
Wenn die Seide trocken ist, nehmen Sie das Effektsalz ab und schattieren die linke Samenkapsel mit Wasserstreifen. Übertupfen Sie auch die Samenkörner nochmals mit Wasser, damit diese einen klaren und deutlichen Rand bekommen.
Alle mit Effektsalz angedeuteten Blätter umranden Sie nun mit einem dünnen Pinsel und konzentrierter schwarzer Farbe: Nehmen Sie nur an der Pinselspitze Farbe auf, damit Sie einen hauchdünnen feinen Strich erreichen. In dieser Weise zeichnen Sie auch die sehr feinen Blattadern ein.
Mit goldener oder schwarzer Gutta erreichen Sie einen ganz anderen Ausdruck des Bildes.

Daraufhin muß das Seidenaquarell aufgeklebt werden; im folgenden zwei Möglichkeiten:
a) Kleben Sie es an der oberen und unteren Kante mit Klebestreifen so auf weißes Papier, daß diese durch das Passepartout verdeckt werden.

b) Besprühen Sie ein Blatt weißes Papier, welches rundum größer ist als Ihr Seidenbild, sparsam mit Sprühkleber, legen Sie das Bild fadengerade darauf, streichen Sie es faltenfrei, und kleben Sie es dann unter das zum Bild farblich abgestimmte Passepartout.

Graue Katze

Malen Sie diese Katze in derselben Weise, wie auf Seite 22 beschrieben. Wenn das Katzengesicht fertig ist, ziehen Sie am rechten Bildrand zwei breite Längsstreifen in Dunkelgrau und am unteren Bildrand mit der gleichen Farbe einige breite Querstreifen und fönen alles sofort trocken.

CHRISTOPHORUS FREIZEITPROGRAMM

Die Deutsche Bibliothek –
CIP-Einheitsaufnahme

Seidenmalerei in Aquarelltechnik /
Hedwig Danner. – 9. Aufl. –
Freiburg im Breisgau:
Christophorus-Verlag, 1993
(Brunnen-Reihe; 245)
ISBN 3-419-52545-1
NE: GT

Styling und Fotos: Ulrike Schneiders
Umschlaggestaltung:
Michael Wiesinger
Herstellung: Freiburger
Graphische Betriebe 1993